任性出版

只要喜歡上一個人
永遠都是第一次

傷心也好、愛錯也好，但至少在遇見你之前，我能讓自己足夠美好。

韓國新生代暖心系圖文作家

Yozuck（寥寂）著　　賴毓棻 譯

처음 사랑하니까 그럴 수 있어

CONTENTS

Chapter 1
如果可以，我也不想那麼喜歡你

喜歡一個人，是無法控制的，
因為我無法拋開「說不定」你也喜歡我的那種期待感。

Chapter 2
你的眼裡，就是我的全世界

沒有你的世界，就只剩下寂寞。

Chapter 3
對自己誠實，
是戀愛中最困難的事

就算會讓彼此受傷，
也要鼓起勇氣，拿出隱藏的真心。

Chapter 4
愛一個人
不是只要努力就好

既然無法不抱任何期待就掏出真心，
那至少再付出多一點也好，讓彼此成為更好的人。

Chapter 5
如果哪一天沒有了你，
我也要找回我自己

許多人戒不掉的，並不是感情，
而是長久以來的依賴。

Chapter 6
就是因為不懂，才會喜歡你

一起努力，不是為了我的愛情，
而是我們的愛情。

 Chapter 7
喜歡，本來就很膚淺

每一段深刻且美好的感情，
都是從膚淺的愛開始。

 Chapter 8
沒辦法選擇，不喜歡你

只有不愛了，才會發現
所有的付出都只是徒勞無益。

Chapter 9
一起尋找屬於我們的北極星

一起努力讓彼此變得更好，
就是最完美的愛情。

推薦序一

只願在有你的日常裡，繼續擁抱愛情

作家、編劇／阿亞梅

　　約莫是去年，網路上流傳著 PTT 徵友板一篇廣為熱議的徵友文，一名母胎單身 38 年的男網友開出他的擇偶條件，但那名網友所列出的條件，並不是身高、體重、年收入等制式條件，而是囊括了人格思想、興趣喜好、生活習慣、家庭背景等條件。每項條件下面，還詳述了極具說服力的理由，令人嘖嘖稱奇。

　　那篇徵友文招致許多網友攻擊，我卻讀得津津有味，佩服這個人對自我了解之透徹，也如此忠於自我、不願將就。只是，讀完後我也很清楚一個事實：最困難的任務，恐怕不是找到他理想中的對象，而是如果世上真有這麼理想的對象，他能跟那個人順利走到最後嗎？

　　讀《只要喜歡上一個人，永遠都是第一次》時，我不禁想到那位網友。也許，他將戀愛想像成一筆不能虧損的交易。基於自我保護的本能，在愛情關係中，人總是設法讓自己的付出降到最低，卻期待對方的付出提到最高。然而，一筆沒有確切訂價、又無法量化付出的交易，要如何讓關係中的雙方都滿意呢？當你渴望「在愛情中做自己」的同時，是

不是也壓縮了對方在愛情中做自己的權益呢？這本書中所探討的每一個面向，都令人深思。**愛情，即便那些陳腔濫調，都是再平凡不過的日常光景，它仍然是每個人一生的修練。**

愛情到底是什麼？這幾乎是我每一次創作愛情故事時所探討的母題。這個母題涵蓋了許多不同的子題：你是誰？你要去哪裡？誰能跟你一起到達那裡？然而，儘管被稱為子題，但每一個題目卻都大到可以成為愛情裡的大哉問了。

愛情很狡猾，它可以是遠在天邊的星星、可以是沙漠中的海市蜃樓，更可以是柴米油鹽醬醋茶；它能將一縷落寞的靈魂自谷底中拯救出來，也能將一個美好的人推進深淵自此墮落；愛情很不公平，有人不到一週閃電結婚，也有人愛情長跑多年失敗告終，有人不費吹灰之力得到它，也有人終其一生尋尋覓覓只換得心碎；每個人對它的感受不盡相同，也無法複製。

讀《只要喜歡上一個人，永遠都是第一次》這本書時，你也許會和我一樣，經歷困惑、挫折、懷疑人生，但也希望你和我一樣，讀到最後，**嘴角會帶著笑，張開雙臂繼續擁抱愛情。**

推薦序二
傷心吧，至少能讓自己足夠美好

圖文插畫家／chichi

　　真心好喜歡這本書的詮釋方式，透過可愛的插圖對話，讓我們看見愛情中的各種課題，並一語道破愛情的真理。在閱讀的過程中，除了讓我不斷驚呼好可愛之外，也讓我檢視在愛情中的自己，是不是有哪裡做得不好，或是可以做得更好的地方。

　　書中主角企鵝波波因為失戀，對愛情產生了許多疑問——為什麼明明付出努力了，卻得不到想要的愛情？甚至因此對愛情失去了信心⋯⋯。

　　這樣子的畫面，你是否覺得似曾相識？你也曾經對愛情失去信心嗎？

　　為了尋找解答，企鵝決定踏上旅程。一路上，他碰到了各種小動物；在和每隻小動物談心聊天的過程中，不僅獲得了大家對愛情的定義及看法，同時也漸漸看見了愛情真實的面貌。

　　「愛情」是人生的一大課題，有時候甚至是個大難題。就如同《只要喜歡上一個人，永遠都是第一次》這本書所說的，即便我們談過幾次戀愛，付出努力了，還是有可能會受

傷、還是會深陷在問題之中，最後往往因為沒有答案，而以分手收場。維持一段感情從來都不容易，需要我們花時間及心力去經營，書中便如此寫道：「雖然我們常常因為對方最美好的一面而愛上對方，但維持感情的關鍵卻在於，你是否能接受並且擁抱在那個美好背後的陰影。」就像在熱戀期，我們總覺得對方做的任何事都很美好，一旦熱戀期過了，又有多少戀人能夠包容對方的缺點呢？

對我而言，夠讓你快樂的做自己，並且和另一半互相扶持成長、碰上問題就一起面對解決，這樣的關係才是真正的愛情。這世上沒有完美無缺的感情，但是我們可以一起朝完美的目標前行，**好的愛情不會讓你委曲求全、不會讓你失去自己，而是讓你成為更好的人**。慶幸現在的我，正是處於這樣的狀態中。

即便愛情如此艱澀難懂，還是讓人忍不住想嘗試，對吧？希望曾經對愛情失去信心的你，看完這本書能夠修復過去的傷痛，跟著主角企鵝波波一起踏上尋找愛情的旅程，整頓好自己並且重新相信愛情的美好。

在遇到合適對象之前，**我們唯一需要做的，就是讓自己足夠美好**。

「真正的愛無法衡量，它只會付出。」
（Intense love does not measure, it just gives.）
——德蕾莎修女（Mother Teresa）

Chapter

1

如果可以，
我也不想那麼喜歡你

喜歡一個人，是無法控制的，
因為我無法拋開「說不定」你也喜歡我的那種期待感。

#交出自己的心

歡迎光臨！

你好，
我有一個喜歡的人。

請先交出你的心。

嗯……

先給這些好了。

你確定
就這些嗎？

把心全都交出去，
一定很痛吧！

路上小心！

告白梭哈

呃，好冷！

他好像不知道
我把自己的心交給他了？

因為你付出的太少了，
　要不要再多一點？

嗯……

那我把全部的心
　都給他。

路上小心！

爆冷。

他現在應該
也會想我了吧……

＃我們無法以心換心

歡迎光臨！

呃，好冷……

為什麼我付出這麼多了，
他卻一點回應都沒有？

因為我們
無法以心換心啊！

可是，你之前不是
要我先交出心嗎？

愛情就像彩券，
在表達心意以前，
是不可能會知道結果的。
這次恐怕要讓你失望了！

路上小心！

我的心空蕩蕩的，
該怎麼辦呢？

#為愛徬徨

早知道就不要把心交出去了，
反正對方也沒打算接受。

出去走走吧！
不要一直待在家裡。

你已經
為愛徬徨了呀！

#心空了一塊

出來走走很棒吧？

有嗎？

你看，
今天可是大晴天呢！

喔。

空蕩蕩的天空，
就像我的心……

真是的！

你看那隻蝴蝶，
春天好像來了。

哇～

好可愛的蝴蝶！

對吧？

就像他一樣……

啊啊啊。

我的心像空了一塊，
誰也無法填補。

心真的好痛。
真是的。

＃愛其實很殘忍

?

你哪裡不舒服嗎？

不是身體的問題，
而是他的心。

這樣啊。

你被甩了嗎？

差不多是這樣。

原來如此。

有什麼辦法
能讓他重新振作起來嗎？

這個嘛……

愛情的世界
都是很殘忍的。

不管是在愛裡失去自我，

還是為愛傷心流淚，

我們對愛情總是難以究責。

戀愛是巨大天災，
愛到卡慘死。　　誰也幫不上忙。

＃連時間也無可救藥

好久不見！
你們過得好嗎？

好久不見。

企鵝怎麼了？

他之前暗戀人家，
結果心意
被已讀不回。

這樣啊！

有沒有什麼東西
可以讓他振作起來？

我找找……

借酒澆愁
怎麼樣？

沒有特效藥嗎？

愛是無可救藥的。

你們該不會想聽
「時間是治癒失戀的良藥」這種陳腔濫調吧？

卡滋
卡滋

＃新魚缸

我身上只有止痛藥膏。

就給我
這個吧！

不過他現在這樣，怎麼塗？

那你幫他塗。

我們好像
沒有那麼熟耶！

那怎麼辦？

還是你用這個……

新魚缸！

這魚缸是？

你別小看這個。

你先進去看看吧！

這不是詐騙吧？

當然不是。

怎麼樣？

感覺好像⋯⋯

有點⋯⋯

奇怪？

這是什麼？

　　　這是魔法魚缸。

　　　你現在可以
　　　幫他塗了吧？

　哇，
不愧是生意人。

嗯……

醒了嗎？

這裡……

是地獄嗎？

為什麼？

因為看到你。

好啊，我就讓你
嘗嘗地獄的滋味！

呃啊……

好痛，
我還活著嗎？

需要再來
一拳嗎？

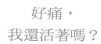

原來我還
活著啊！

你怎麼突然變這德性？

我買的啊！

刷你的卡。

哇！

不便宜就是了。

所以我用分期付款，
很聰明吧？

可以讓我
不要醒來嗎？

可以，
等你繳完卡費。

＃燭火般的心情

你整理好心情了嗎？

應該吧⋯⋯

我好像懂
喜歡一個人的心情了。

什麼心情？

喜歡一個人
就像蠟燭一樣。

自從心中的燭火
冒出了小火花，

我的心就跟著融化了，
而心也持續的燃燒著，

然後偷偷期待著
對方說不定也喜歡我。

可是，直到燭芯全都融化了，
這些期待還是沒有實現。

只有無處可去的心，

只有燃燒殆盡的自己。

就連最後僅有的自尊，
也被無盡寂寞的黑夜所吞噬。

彷彿一切
都只是我自己在唱獨角戲。

＃喜歡無法放棄

你就不能放棄嗎？

喜歡他的這件事？

嗯。

喜歡，是無法控制的。

我無法拋開
說不定他也喜歡我
的那種期待感。

他就這麼
有魅力？

應該是吧……

但老實說，
我也不太了解他。

你不了解，
還可以那麼喜歡他？

**說不定就是因為不了解，
所以才會那麼喜歡，不是嗎？**

就是因為不了解對方，
我們對愛情
才會有那些甜蜜的期待和想像，

並因此而墜入愛河。

或許，
我愛上的不是那個人，
而是自己的想像？

我怎麼會知道。

#尋找愛情

我們繼續走吧！

去哪？

去甩掉寂寞。

然後，去尋找真愛。

找新戀情？

不是。

如果我當時的心情
不是愛的話，

那真正的愛情應該會
存在於這世上的某個角落吧！

Chapter
2

你的眼裡，
就是我的全世界

沒有你的世界，
就只剩下寂寞。

#無法分享的寂寞

你們好。

你好。

請問你們有人知道
怎麼甩掉寂寞嗎？

你知道嗎？

不知道，你呢？

我不知道。　　　我也不知道耶。

沒有人知道。

為什麼？

你們不是一個群體嗎？
應該一起經歷過很多事情，
也很了解彼此吧？

沒錯。

不管是好的還是壞的，
我們都會互相分享，
也很了解彼此。

可是，

我們還是會寂寞。

為什麼？

因為，
寂寞無法與人分享。

如果有辦法分享，
那就不叫寂寞了。

#說不定，我們就只能寂寞

晚安，
我明天再打給你。

好，我也愛你喔～

不好意思，
可以問你一個問題嗎？

你要問什麼？

只要談戀愛，
就不會寂寞嗎？

嗯……

雖然談戀愛
確實可以減少寂寞，
但就算談了戀愛，
有時還是會感到寂寞呢！

當我覺得自己
付出的愛比對方更多時、

當我發現對方愛的並不是我，
而是他心目中的理想型時、

當我發現就連愛情也無法
讓我們成為一體時，

就算在一起，
還是會感到寂寞。

有點難懂。

如果這個問題那麼簡單，
那每個人都去談場戀愛，
就會知道正確答案了。
然而，事實並非如此。

說不定，
這就是寂寞吧！

＃愛情條件論

難道沒有
不會寂寞的動物？

就是說啊。

如果連朋友和另一半，
都會讓人寂寞，
那這算是不治之症嗎？

說不定喔！

會不會是因為這些人，
他們的戀愛還不夠完美？

說不定其他人的戀愛
很美好呢！

你指的是誰？

就是那些具備愛情條件，
被愛也懂得付出的人？

嗯……

所謂的愛情條件，
又是什麼？

我也不清楚。

不如我們去問問其他動物，
說不定就會知道了。

＃無條件的愛

「當然是錢啊，
有麵包，才有愛情。」

「我覺得外表很重要耶，
一定要長得帥！」

「當然是個性啊，
如果要長期交往，
個性就得好才行。」

大家的條件都不一樣。

就是說啊！

會不會找到符合條件的
另一半才是重點？

不過，
我有點好奇。

好奇什麼？

如果我因為某個條件
　而愛上了對方，

那麼，當那個條件不在了，
　愛也會跟著消逝吧？

也就是說，我愛的並不是對方，
而是他身上擁有的那些條件。

可是，就算沒有那些條件，還是能繼續愛著對方，
這才叫真愛吧？

我倒不這麼認為……

怎麼說？

雖然你的說法很成熟，
但坦白說，那是不可能的。

要對方無條件的愛著自己，
反而有點自私。

這世上會有
這種無條件的愛嗎？

還是這只是一種不切實際的期待？

是嗎？

只是一種本能

不好意思，

請問你覺得什麼是愛？

愛嗎？

你在跟我開玩笑嗎？
不，我是真的想知道。

沒有那種東西，
那全都是騙人的。

你為什麼會這麼想？

所謂的愛情，就只是一種手段，
用來將人們膚淺的本能，
包裝成比其他動物高貴的情感。

只是因為人們
無法坦然接受快樂與本能最赤裸裸的模樣，

所以才會冠以愛情之名，
並藉此強調

人類是有別於其他動物、
既高貴又知性的存在；

以及愛情並非本能，
而是精神與靈魂的結合。

儘管如此，卻仍然改變不了愛的本質──
不過是用膚淺的言語將欲望包裝起來而已。

所以，如果有人要尋找愛情，
那人不是傻子，就是笨蛋。

＃被需要也是一種幸福

愛情真的只是一種本能嗎？

那只是其中一種說法，
並不代表全部。

但如果他說對了，
那我也就沒有必要再去尋找愛情了，
只要依照本能生活，不就得了？

或許其他動物會有不同的看法。

嗯。

不好意思，
可以問你一個問題嗎？

什麼問題？

你認為什麼是愛？

這個問題有點
難回答呢！

我們正在尋找愛，
但有人說愛只是一種本能。

我很想知道其他人的看法……

所以想再跟你請教。

哈。

我先問你
一個問題吧！

什麼問題？

如果你的人生是一篇故事，
故事主角會是誰？

是我吧？

為什麼？

因為是我的人生，
主角當然是我啊！

　　但這並不代表
　　只要站上舞臺，
任誰都能當上主角，對吧？

要當上主角沒那麼簡單，
即便那是你自己的人生。

不用太努力就可以被稱讚、被呵護，
　這些都是小時候才享有的特權。

可是，只要長大就會知道，

就連想要成為被某人需要的存在，
　都不是一件容易的事。

在隨時都能被取代的時代、

在你爭我奪、互相較勁的舞臺上、

你還有自信
認為自己就是故事中的主角嗎？

可是，
愛情卻給了我們，不一樣的渴望。

在愛情中的那些溫柔以待、付出和關心，
都僅僅只是為了那一個人。

只為一個人付出時間、
只對一個人溫柔、
如此獨一無二的愛情，

這是在其他人際關係中，
所無法給予或獲得的。

所以我認為愛情
並不只是一種本能或欲望，

而是能創造出生命意義，
並且值得我們相信的重要價值。

Chapter

3

對自己誠實，
是戀愛中最困難的事

就算會讓彼此受傷，
也要鼓起勇氣，拿出隱藏的真心。

#再平凡的愛，都是最特別的你

我可以坐這裡嗎？　　　　可以啊，
　　　　　　　　　　　　我馬上就要走了。

　　　　　　　　　　今天是我和她
　　　　　　　　　　約會的日子。
　　真好。

你好像很愛她呢！

嗯……

也不是這樣說啦！

愛嗎？

愛這個字
聽起來雖然好像很甜蜜，

但我們的情感卻沒那麼簡單，
所以，如果要把這份情感簡化為一個字，
其實很難一概而論。

或許這對其他人而言，就只是這世上無數的愛情之一，
但對我來說並非如此。

是很特別的意思嗎？

可以這麼說，
因為是我的戀愛。

正因為大家都這麼想，
所以才沒有平凡無奇的戀愛吧？

嗯。

妳來啦？

抱歉，久等了吧？

才沒有呢！

#將碎片拼湊起來的人

一直找不到正確答案。

就是說啊。

先來杯咖啡，
再來想一想吧！

歡迎光臨！

請給我一杯
熱摩卡。

還有……
你覺得什麼是愛呢？

愛嗎？

對。

你在跟我搭訕嗎？

我不是那個意思啦！

我們的關係還沒有親密到
會去關心彼此，對吧？

對，我們是陌生人。

所以
對客人而言，我是咖啡店員；
客人對我來說，就只是客人。

嗯。

但所謂的咖啡店員
只是我的職業。
除此之外，我還有很多種面貌。

我可能是某對父母的子女、某人的朋友、
也可能喜歡和討厭某些東西、有著某段過去……
我的生活被切割成各種碎片。

可是，我無法將所有的面貌
都與他人分享，

在日常生活中，
我往往只會展現出其中一種面貌。

而願意投入心思和時間來了解這些碎片，

並且將我拼湊完整的人、

能讓我發現到
自己另外一面的人，

對我來說，這就是愛。

＃每人心中的玫瑰花

這朵玫瑰花真美。

謝謝你。

大家都
一定很喜歡這朵花吧。

是啊，
這讓我很欣慰。

這是我深愛的玫瑰花。

嗯……

那我們也能說自己
愛這朵玫瑰花嗎？

要這樣說
好像有點困難。

為什麼？
我們也很喜歡這朵花耶。

因為你們是過客，
雖然會駐足欣賞美麗的花朵，

但並不用負起照顧花朵的責任。

也正因為如此，你們愛的
就只是這朵花美麗的那一面，

卻不曾經歷過芒刺的銳利、
肥料的臭味及照料上諸多繁瑣的程序。

可是，就算不知道這些，
還是可以去愛一個人呀！

　　　沒錯，
　　但就只會看到
　最美好的那一面。

所謂的墜入愛河，
只不過是愛情的開端而已，

這和維持感情
又有所不同。

雖然我們常常因為
對方最美好的一面而愛上對方，

但維持感情的關鍵卻在於，
你是否能接受並且擁抱在那個美好背後的陰影。

即便那些陰影總是悄悄躲在陽光的背後，
讓人難以察覺。

因此，
我認為過客般的愛情，
很難稱作是愛。

＃相信愛情這種病

你好。

如果你是要來傳教或
發傳單的話，
我不是。　　　請恕我拒絕。

你知道什麼是愛嗎？

愛？

嗯。

你問這個幹嘛？

因為有了愛，
就不會那麼寂寞，
也會變得更加幸福呀！

幸福啊……

你好像太相信愛情了喔！

啊，我嗎？

難道戀愛不美好嗎？

是美好啊。

但很多人都和你一樣，
認為愛情就是柔軟、溫暖、美好的，
並且從不曾懷疑。

可是，卻也忽略了，
相信愛情反而會
破壞彼此的關係。

可能會破壞關係？
怎麼說？

如果只靠愛情
來經營感情，
那問題可就多了。

比方說，因為太愛對方
而過度關心；

你在
幹嘛？

或是希望對方變得更好，
結果卻傷害了對方；

或是認為自己喜歡的東西，對方也會喜歡，
而做出看似體貼，卻讓對方有壓力的舉動。

一旦對方拒絕接受，
就會因此而失望。

但這只是錯覺。

什麼錯覺？

以愛情之名，將自己行為合理化的錯覺——

因為愛情是美好的，
所以只要是以愛為出發點的所有行為，都是對的，

好像只要這樣想，就算是傷害對方，
也不會有任何的罪惡感。

不僅會堅信自己是對的，

還會認定不接受自己的想法或付出，
就是對方的錯。

你是說，
那些以愛之名所做出的舉動，
並不一定是愛。

沒錯。

愛情肯定有美好的一面，
但一段感情再好，
都受不了「我是為你好」這種病。

如果想讓對方也能感受到自己的愛，
那就不能只站在自己的角度，
而是需要謹慎思考後再行動。

＃安全感 vs. 誠實

先生，可以跟你問個路嗎？

當然可以。

你知道咖啡店在哪裡嗎？
老闆是一隻貓的小咖啡店。

那間咖啡店啊！

只要往這裡沿著大馬路直走，
就可以看到了。

謝謝你。

我們也可以
請教你一下嗎？

當然，
你們在找什麼地方嗎？

我們在尋找愛。

愛？

因為我們很想知道
什麼是愛情。

這應該不是店名吧？

愛情啊⋯⋯
這還真是個困難的問題。

對吧？你不回答，
也沒有關係。

我可能沒辦法回答你，
因為就連我自己也不太懂。

沒關係。

這樣啊。

不過，我還是可以跟你說一下
是什麼？　　　愛情最需要的東西。

那就是**誠實**。

**不是靠謊言或虛偽，
而是以真心建立一段感情。**

但這樣不會太直接嗎？

我覺得就算是情侶，
什麼事都坦誠以對，好像也不太好。

老實說你今天
穿得很醜。

嗚嗚。

你誤會我說的誠實了。

誤會？

誠實確實很尖銳，
也不像謊言和虛偽，能為我們帶來安全感。

但有什麼就說什麼
並不是我說的誠實，而是不體貼的行為。

那只是既傷人又沒禮貌、
沒有任何意義的誠實。

我說的誠實雖然也很尖銳，
卻和前者不同。

那是什麼？

那就是，在當下，不要因為害怕受傷或爭吵，
而用謊言和虛假來偽裝自己，
而是把那顆真心取出來。

我一點都不介意。

老實說……

我不是要你用犀利的言語，來傷害他人，

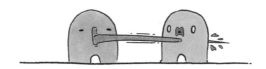

而是**就算可能會讓彼此受傷，**
也要鼓起勇氣，拿出隱藏的真心。

這是我毫無
任何虛假的真心。

就算會讓對方更加不快，
也可能會引發爭執。

我難過的是
……

但如果只因為害怕，
就一直將真心掩藏起來，

算了，沒事。

那麼你再努力，也不會快樂。

真的
沒關係嗎？

嗯，
沒關係。

因為，愛情需要的不是努力，
是誠實。

感覺很需要勇氣耶。

對呀，這很不容易。

能夠分享彼此的真心，
這才是值得我們鼓起勇氣去追求的。

＃相信自己值得

你好。

我想要過河。

不好意思，這可能有點困難。

為什麼？

因為船流走了。
可能是用來綁船的木樁爛掉了，
我早該換掉的。

所以
這裡是個沒有船的渡船口，
而我是個沒有船的船夫。

原來是這樣。

不過你在找什麼？
為什麼要過這條河呢？

我正在尋找愛情。

愛情啊，
這真是個難題。

就是說啊！

我想你會需要
一根堅固的木樁，
你有帶在身上嗎？

什麼木樁？

木樁嗎？

我指的是有自信可以
將愛情牢牢拴住的那種木樁。

為什麼會需要
那種木樁呢？

為了信任啊！

如果木樁不夠堅固，
那麼，無論是再怎麼堅定的愛情，
也沒辦法完全信任彼此。

就像好運臨頭時，
我們總覺得不可能是自己而懷疑一樣。

當一個人在愛裡缺乏自信，
就會成為不信任、猜忌的那一方。

為了消除自己心中的不安和猜忌，
還會不斷的透過試探，來證明對方是否愛自己。

假設這種狀況一直持續下去，
對方就會因為感到疲憊，而選擇離去。

但這並不代表你
得到的愛不值得信任，

而是你自己不相信
自己是被愛的。

認為自己不值得被愛、
認為自己得到的不是真愛、
認為對方不是真的愛自己。

所以，
我們的內心才會需要一根堅固木樁，
讓自己相信是有資格被愛的。

這樣就能相信
這份愛並非幸運、偶然或是錯覺，
而是真正的愛，而你也有牢牢抓住它的自信。

也就是說，如果你要尋找愛情，
得有一根堅固的木樁才行。

因為爛掉的木樁，
連一艘船都拴不住呢！

＃愛情，是兩座孤島

話說，

我們一定要用
這種方式過河嗎？

因為沒有船，也沒辦法啊！

是這樣沒錯啦！

而且魚和企鵝在游泳
也不是什麼怪事吧？

你好。

你好啊。

你在這裡做什麼？

我在準備蓋房子。

在這座小島上嗎？

不過，這地方太小，
所以得和其他島相連。

其他島？

將兩座各自分離的小島連結在一起，

才能在上面建造一棟房子。

這樣的房子
不會很危險嗎？

是不安全。

只要有一方想要離開，

幸福就會跟著瓦解。

那留在孤島上，不是更好嗎？

明知道可能會失敗，
那就不要去做，不是更好嗎？

雖然也可以這麼做，

但我認為不去做任何嘗試，
反而會失去更多珍貴的相遇。

因為我們所能做的，
並不是做出永遠不會出錯的選擇，

而是**即使失敗，也要勇敢去愛**。

Chapter

4

愛一個人
不是只要努力就好

既然無法不抱任何期待就掏出真心，
那至少再付出多一點也好，讓彼此成為更好的人。

#太想得到愛，就會看不見自己

兩位，

你們能不能給
可憐又餓壞的我一根香蕉呢？

那你要給我們什麼？

拯救一隻快要餓死的猴子⋯⋯
這個寶貴經驗，如何？

只要用一根香蕉就能展現愛心，
這可是千載難逢的機會喔！

我看你還挺有活力的嘛⋯⋯

哈哈，你們人真好，
有什麼需要我幫忙的嗎？

你知道什麼是愛嗎？

愛？

我們正在尋找愛。

你指的是哪種愛？

就是大家說的，
那種可以排解寂寞、
讓人生更有意義的愛。

你這話還真奇怪！

哪裡奇怪？

你竟然四處在尋找「貧乏」，
聽起來當然很怪啊！

為什麼愛
會是貧乏？

不是為了分享自己所擁有的東西，
而是渴望從對方身上獲得滿足，
這樣的愛情，當然是貧乏。

但我並不是不勞而獲，
我會付出愛，
也會努力證明自己具有被愛的資格。

那你認為，只要努力鍛練身材、
賺很多錢或長得很帥，就有資格了嗎？

那也是一種努力啊！

那你就不可能去愛人，
也很難被別人所愛。

為什麼？
只要我努力不就行了？

愛與被愛，真的取決於一個人的努力嗎？
如果你很努力了，但其他人認為你不夠資格，
那該怎麼辦？

或是因為一些外在因素，
而失去被愛的資格呢？

如果是這樣，
那我也沒辦法。

這時通常就只會
抱怨自己不值得被愛吧！

想要得到愛的人，就像吵著吃糖的孩子一樣，
只會成為無能為力的一方。

因為他們往往
只想得到別人的認同、
只想乞求別人的憐憫與同情、
只想依靠別人，卻從未想過自己的意願和立場。

我不能吃糖果嗎？

不行，
你還沒有吃飯。

嗚。

所以，如果你只是為了被愛而愛，
那麼你在感情中就很容易失去自我。

那我們應該
要怎麼去愛？

這個……

就得靠自己去尋找囉！

＃絕不能吃虧

你好。

你在幹嘛？　　我在看守貨品。

你在賣什麼？

我的心。

我要賣出我的心，
但因為不想吃虧。

所以，我每一次都會小心翼翼的，
把心放到天秤上秤重。

這樣我的付出
就不會比回報多。

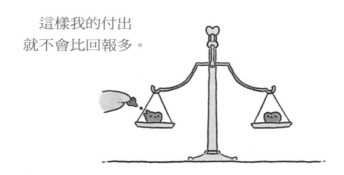

這樣可以
建立起一段感情嗎？

為什麼不行？

只要等待對方全心投入，
就可以了。

如果對方也在等你呢？

那就算了。
這就代表他不夠愛我，
所以不願意先付出他的心。

這種虧本生意，
我寧可不要！

＃付出不求回報是騙自己

你怎麼想？

我完全無法認同。

為什麼？

嗯……

因為這種建立關係的方式，
有一個很大的前提是，對方必須願意先付出。

但這心態太被動了。

不過我
好像可以理解耶！

心意被已讀不回有多寂寞，
我可是過來人啊！

可是至少
不會真心換絕情啊！

是這樣沒錯啦！

好難喔，
好像沒有兩全其美的方法……

嗯。

兩位好，
啊，你好啊。　　你們今天看起來不錯呢！

又遇到你啦！

今天有需要什麼東西嗎？

上次的魚缸
好像還沒付清喔！

啊哈～

最近生意好嗎？

還不差啦，
反正賣多少，賺多少！

有什麼方法
能讓生意變好嗎？

沒什麼特別的，
就是買低賣高囉！

但至少
付出和回報成正比，對吧？

是的。

不過，為什麼人們
談戀愛不能也用這種方式呢？

嗯？

不論是誰，
都不想在愛情中吃虧，
但想要付出多少，回報就有多少，
這實在太難了！

你這種心態非常正確，
我也從來不做虧本生意。

如果付了 1,000 千元，
可以得到等價 1,000 元以上的價值，

我們當然會認為這是一場公平的交易；
反之，如果無法收回相同的數目，就會產生被欺騙的感覺。

錢……被吃掉了耶？

同樣的，如果付出了 1,000 元等值的心意，
那會期待同等的回報，這不是理所當然的嗎？

嗯……
對吧？

這是我剛才在路上
撿到的石頭，

可以
跟你換那個包包嗎？

我的包包嗎？
雖然它很破舊，
但也絕對不只一顆石頭的價值吧？

可是
我的石頭值 100 萬元耶！

為什麼？

100 萬元？

這樣子
你就能和我交易了吧？

不行啊！

那是你自己
隨便訂的價錢吧！

買賣的心態就是如此。

?

What？

只不過，在一段感情中，
心意的往來並沒有明訂的價格，

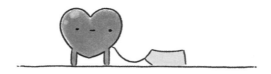

都是雙方自行決定的。

再加上，由於我們往往只看到
眼前的事物。

所以人們大多會認為，
自己付出的犧牲、忍耐和痛苦
遠比對方還要多。

如果交換了，會變成怎麼樣呢？

彼此都會覺得委屈吧？

因為雙方都覺得
自己付出最多。

沒錯。

彼此都會認為
付出卻得不到應有的回報。

雖然這之中並沒有任何的欺騙，
但對彼此來說，卻都是虧本生意。

明明雙方都不是故意的，
卻變成互相指責對方的不是。

付出多少就要得到多少，
這在生意往來上，雖然是很合理且公平的想法，

但若要套用在愛情，
就只會讓彼此之間心生嫌隙。

#再一點點的勇氣

如果只想被愛，就會無法去愛；
如果只想回報比付出多，就會讓彼此都委屈。

如果這些都不行的話……

難道只能藉由付出，來得到滿足嗎？

可是這太難了。

如果光靠付出，就可以獲得一個人的心，
那就太好了。

問題是，就算再怎麼喜歡對方，
單方面的付出，往往只會換來更多的孤單。

那麼⋯⋯

來一場交易，如何？

交易？

可是，這樣就會讓自己吃虧了。

我說的不是那種
不虧本的生意，

而是要你做虧本生意。

要我做虧本生意？

既然無法不抱任何期待就掏出自己的心，
那至少再付出多一點，多那麼一點也好。

一點點就好嗎？

嗯，不至於會傷心的程度。

再付出多一點心意、
再鼓起多一點勇氣、再努力一點。

當然，不會患得患失也很好，
但那可不是每個人都能做到的。

嗯。

儘管我們無法成為愛情贏家，

但至少可以
讓彼此成為更好的人吧？

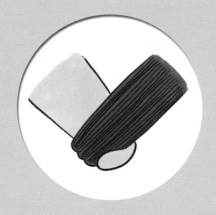

Chapter

5

如果哪一天沒有了你，
我也要找回我自己

許多人戒不掉的，並不是感情，
而是長久以來的依賴。

爭執的起點

我們差不多
該出發了。

我還想
再休息一下……
我真的很累。

再往前走一點，
就能好好休息了。
先去那裡再休息吧！

我走太多路了，
真的很累。

那我自己走，
你不用背我了。

你就先過去啊！
反正你自己也能走到。

我沒有那個意思，
我只是想要和你
一起走過去。

我想要再多休息，
隨便你愛怎樣就怎樣吧！

你真的要這樣？
那我先走了喔？

隨便你。

那我
走了喔？

不是說要走？

我走了！

還真的走掉了？

＃各取所需

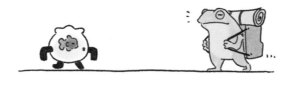

你好。

不！
我一點都不好！

哎呀，這樣啊！

你要去哪裡？
天色馬上就要變暗了！

不知道！
他叫我自己看著辦，
到底是要我怎樣？

是誰這樣說？

就是那隻懶惰的企鵝。
我叫他再走一段路，
結果他卻硬要躺在地上休息！

然後說隨便你愛怎樣都行，
根本就把我的話當耳邊風！
我又不是為了自己才那麼說的！

還裝作一副無所謂的樣子，
對朋友說：「要去你自己去。」
你說這像話嗎？

既然這樣，
你們幹嘛還要一起走呢？

因為他需要我，
我也需要他。
所謂的感情就是這樣。

是嗎？

那只是
彼此相互需要而已，
並不是感情。

有什麼不同嗎？
正因為彼此相互需要，才會建立起感情啊！

當然有很大的不同。

許多人戒不掉的，並不是感情，
而是長久以來的依賴。例如：
如果沒有你，我就會感到孤單，所以我需要你；
如果沒有你，我的生活就會有困難，所以我需要你。

更準確的說，要戰勝孤單，就需要情感上的陪伴、
要克服生活上的困境，就需要向外尋求協助、
而這樣的需要，往往源自於依賴對方。

雖然這種需要，
可以將彼此束縛在一起，

但如果
只是因為需要而戀愛，
這段關係最後就會變成各取所需。

甚至將對方
當成自己
需要的工具。

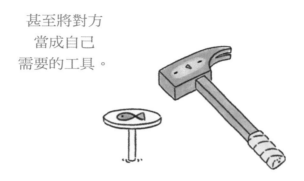

可是，我們又不是工具，
也不是為了利用朋友或情人，才和他們交往。

話雖如此，
但如果我們不用依賴來約束彼此，
就會感到不安。

因為對方隨時都可以離開。

沒錯，一旦少了束縛，
就代表彼此都有可能會離開，
不過，我認為這是必要的。

為什麼？

因為真正的愛情並不是因為
離不開彼此才在一起，

而是**即使隨時可以離開，**
也願意和對方在一起。

＃情緒未爆彈

你好。

不，我感覺
不怎麼好。

真奇怪，
我剛才遇見一隻金魚，
他的回答跟你差不多。

他嗎？
他是一隻
只顧自己的動物。

那是因為你不了解他，
他可是一點都
不懂感謝別人啊！

你知道嗎？
每天出門，
我都要將他頂在頭上、
替他張羅食物、
幫他清理魚缸……

我做了那麼多，
只是想要
休息一下再走，
結果他卻因為不想等，
就先走掉了！

你是因為他很自私，
才這麼生氣嗎？

算是吧！

真的嗎？

我又沒有騙人。

我知道。

我只是很好奇，
這是不是真的原因。

什麼意思？

炸彈之所以會爆炸，
與其說是因為導火線，
不如說是裡面的火藥早就超出負荷。

而讓你生氣的那個原因，
就像導火線一樣，只是其中之一。

很多時候並不是最根本的原因。

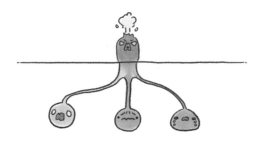

因此，如果不去思考
最根本的原因，
被當下的情緒牽著鼻子走，

就會在莫名其妙的情況下，
經常為了瑣碎小事而生氣，

令人憤怒！！！

然後替自己極力辯護。

有必要
這麼生氣嗎？

所以你現在的意思是，
我很小心眼，為了一些
小事發火嗎？！

但這些終究只是導火線，
即使問題已經解決了，
真正在意的點，還是會持續累積下去。

只要新的火苗一出現，
又會再度被點燃。

所以比起意氣用事
或是辯贏對方，

重點還是要好好整理那些
累積已久的情緒。

#我們在一起的理由

以前的你需要我，
沒有我就無法獨立生活。

但現在，就算沒有我，
你還是可以把自己照顧得很好。

可能是因為能將我們
綁在一起的理由變少了，

你是為了撫慰孤單，才會和我在一起，
而我是因為需要雙腿，才會和你在一起。

我們會因為
為彼此將就的越來越多，
而離不開對方；

還會因為滿腹委屈，而忽視對方的付出，
甚至怪罪是對方剝奪了自己的自由。

我不希望我們之間會變成那樣。
我想是因為想和對方在一起
才結伴的。

雖然有可能離開彼此，
會讓我們感到不安，

但我很清楚，因為依賴而離不開對方，
這不是感情，而是一種制約。

Chapter

6

就是因為不懂，
才會喜歡你

一起努力，不是為了我的愛情，
而是我們的愛情。

＃需要努力的愛，還是愛情嗎？

去哪裡好呢？

那裡怎麼樣？
約會地點？
嗯。

抱歉。

幹嘛突然道歉？

我從沒把你當成交通工具
和朋友之外的對象。

哎呀？

誰叫你跟我約會了？

你不要覺得太受傷。

真氣人耶。

我只是想去那裡問一下
那些熱戀中的情侶。

好啦、好啦！

你真的不要太難過。

你給我下來。

嗚嗚嗚。

兩位好，
我可以問一個問題嗎？

什麼問題？

你們知道什麼是愛嗎？

當然知道！

愛就是幸福。

是努力。

為什麼是努力？

這個嘛，
如果想要維持感情，
就得為了彼此努力才行啊！

你說愛我
需要努力？

不是，我不是
那個意思……

你不是說光是遇見我，
就讓你很幸福了？

我當然很幸福啊！
所以說，如果想要讓
這份幸福持續下去……

可是你今天遲到了耶。

因為路上塞車，
我也沒辦法嘛～

每次都說很忙、要工作
一失聯就好幾個小時，
還敢說什麼努力很重要？

我是真的很忙嘛！

忙到連 30 秒回訊息的時間
都沒有？

#但我還是不太清楚

他們吵得真兇。

問錯人了嗎？

我沒有自信再問下去了。

我們再問一次吧！

那對天鵝如何？

沒問題嗎？

當然。

你問什麼是愛？

對。

愛就是，嗯……

我也不太清楚。

你也不知道？

對。

你們不是在交往嗎？

　　　　　沒錯，我們正在談戀愛，

那怎麼會不知道？

　　　　　但我們並不了解愛情。

為什麼？

因為感情雖然是兩個人的事，

但對於愛情的解讀，
卻會依各自的體驗而有所不同。

就算一起共度美好時光，
也不代表彼此就能擁有相同的感受吧？

也就是說，在一段感情中，
每個人的感受都不同。

不過，這個問題並沒有誰對誰錯，
就只是體驗愛情的一部分而已。

所以，我們往往只能藉由對話與傾聽，
來推測彼此的想法。

但即使如此，也不代表我們
就能了解愛情的全貌。

所以，如果因此
認為自己非常了解愛情，

那只不過是
把自己的感受投射到別人身上而已！

#貪心只會失去更多

你好。

你好。

你在做什麼？

禮物。

我男朋友的生日快到了。

你還真有誠意。

哇。

你男朋友長得很帥呢！

嘿嘿，
他其實本人比較肉一點。

你做成這樣，
是因為希望另一半能夠
變得更帥氣嗎？

有嗎？
這樣感覺也不賴啊！

不過那只是我的貪心，
現在的他也很棒。

貪心？
如果心愛的另一半可以變帥，　　　　當然好啊，
　　　　不是很好嗎？　　　　　有誰會討厭猛男呢？

　　　　　　　　但那樣的貪心，
　失去什麼？　　只會讓我失去更多。

**失去對彼此坦白，
和自在相處又能依靠彼此的機會。**

即使我以愛情作為人質，去強迫對方改變，
能使他成為更好的人，

但這只不過是為了滿足我的期待。
而不是為了他自己。

那麼，兩個人在一起不但會有壓力。
他也會因為無法敞開心扉，
而不得不將真實的欲望隱藏起來，
甚至感到不耐煩。

再加上他現在
也沒有很胖。

那如果
他變得超胖呢？

就一起努力呀！

不是為了我的愛情，而是為了我們的愛情。

＃漠不關心的愛

你好。

　　你好。　　兩位好。

這個包包真好看。
閃閃發亮呢！

　　　　　對啊。

這包包是妳的嗎？

這是我今天收到的禮物。

哇，真棒。

是嗎？

怎麼了？
妳不開心嗎？

對啊，但不是因為包包，
而是我和他有點問題。

為什麼？他都送
這麼貴的包包了耶。

就是這個原因。

我根本就不想要這麼昂貴的包包。
不僅不方便攜帶，也讓我很有負擔。

而且我明明就說過，
不用送貴重物品，
只要簡單的東西就可以了。

妳可以好好
期待一下這個
生日！

不要送我貴重物品，
一條圍巾就可以了。

但我不知道他究竟是沒聽懂，
還是根本就沒聽進去，
最後竟然買了一個這麼貴的包包。

雖然我假裝笑得很開心，
但我想要的，並不是這麼貴重的禮物，
也不是他的先斬後奏。

他甚至還挑了我討厭的顏色呢！

雖然他會這麼做，是因為喜歡我，
但他根本就不了解我，
甚至連我討厭什麼、喜歡什麼都不知道。

可是，我也擔心如果直接說：
「這個包包太貴。」、「我不喜歡。」
會不會就否定了他的努力……

你怎麼買這麼貴的包包？

因為我覺得妳好像會喜歡啊！

很好笑吧？
這麼貴重的禮物，
卻讓我變得更加寂寞。

決定自己是誰

這是為什麼呢？

因為漠不關心吧。

甚至連對方
討厭和喜歡什麼顏色都不知道。

但如果漠不關心，
就不會送這種禮物了吧？

他也是為了想要成為一位好伴侶而努力啊！

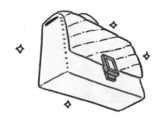

那有什麼用？他女朋友從來就沒說過想要包包，
送那個禮物只是為了他自己。

為自己而送？

嗯，不是為了
送給女朋友。

嗯⋯⋯

?

他或許只是，
只是誤會了吧？

誤會什麼？

就是誤以為自己應該要
扮演好男友的角色。

以為只要盡到男友的職責，
就能打造出一段美好的感情。

但那只不過是他一廂情願的想法，
並不是對方真正想要的。

於是就變成，明明是為了彼此而努力，
卻冷落了對方。

也可以說他不知道。

什麼？

在一段感情中，
決定自己是誰，

並不是我，而是我們。

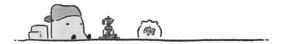

#不能理解，所以愛

所以我的意思是⋯⋯

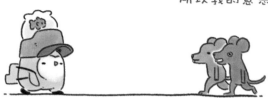

雖然我愛你，
但我常常會覺得
自己不夠了解你。

什麼時候？

比方說，
我們想法不同的時候？

什麼啦！

但妳還是愛我？

或許就是因為這樣才愛你吧！

我到現在還是
不太懂妳在說什麼耶？

那我們半斤八兩呢！

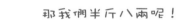

彼此都不懂對方，
還有可能相愛嗎？

就是說啊，有可能嗎？

如果想要成為一對情侶，
應該要非常了解彼此才對吧？

不然怎麼在一起？

如果不能理解彼此，
那應該會每天吵個不停吧！

我也是這麼想的，

但剛才的那對情侶
和我們想的完全相反耶！

就是說啊…？

是我們誤會了什麼嗎？

#好想你也能懂我

我還是不太懂，
不能相互理解，
卻還能相愛是怎麼一回事。

或許是剛才那對情侶
對彼此沒那麼認真，
才不需要互相理解吧？

是嗎？

兩位，不好意思。

可以借我水喝嗎？
我身上的水全都喝光了。

好啊，沒問題。

謝謝，
你們真是好人。

小事而已。

可以讓我們問一個問題嗎？

當然，
不要太難就好。

如果想談一場真正的戀愛，
該怎麼做才好？

你所謂真正的戀愛，
指的是哪種？

就是彼此能完全互相理解，
而且融為一體的愛情。

那種戀愛還真是奇蹟呢！

為什麼？

因為我這輩子從來都沒談過、
也沒看過那種戀愛。

對我來說，
那種愛情太不切實際了！

怎麼說？

因為每個人的心中
都懷著一口深井。

井？

那口井不僅深邃到看不見盡頭，

而且還隱藏著許多負面情緒、
被遺忘的過往，以及不該有的壞念頭。

甚至連井的主人
也不太了解
自己心中的那口井。

就算這樣，
只要願意花時間和心思溝通，
總有一天應該能相互理解吧？

當然！
可是，要達到完全理解的境界，
或完全坦誠是辦不到的。

為什麼辦不到？

你覺得大家都很清楚自己
所有的情緒和行為舉止的原因嗎？

嗯。

不。

我們甚至不明白自己
為什麼會愛上對方、
為什麼會心灰意冷，然後說出讓自己後悔的話、
為什麼會犯下愚蠢的錯誤。

如果我們想要了解自己，
就得花費時間和精力去洞察自己心中的那口井。
即便拋出無數個疑問，也得不到明確的答案；

即便因為羞恥、愧疚、自尊心的作祟，
經常使我們蒙蔽雙眼，

這件事我也是逼不得已。

我們仍須克服萬難，
努力的傳達給對方；

因為我很不安，才會這樣。

就算我們無法保證
對方不會有所誤解。

都是你讓我感到不安的。

所以，
如果總是期盼著別人完全理解你，

往往只會換來更多的失望。

Chapter

7

喜歡，
本來就很膚淺

每一段深刻且美好的感情，
都是從膚淺的愛開始。

#也沒什麼好奇怪的

怎麼了？
你對她做了什麼嗎？
不！我沒有。

你好。

請不要誤會，
我不是那種動物。

那你們怎麼了？

我女朋友問我為什麼會跟她告白？
喜歡她哪一點？

我告訴她，
是因為她很漂亮、很性感。

因為妳看起來
既漂亮又性感！

結果，她就反問：
「你是不是因為外表才跟我交往？」
當下我就覺得不對勁了。

她說，這種告白根本不是真正的愛，
還說我只是想要找個炮友，然後就爆炸了。

接著，我就被賞了一巴掌。
但我還是不知道她到底在氣什麼……

愛情和肉體的欲望並存，
也沒什麼好奇怪的……
對吧？

這個嘛……

＃愛情和性慾並存

你怎麼看？

　　　因為外表
　　才跟對方告白嗎？

如果我聽到這種話，
應該會很不開心吧！

　　　為什麼？

因為只看外表本來就很膚淺。
不是出自真心，
而是只想滿足性慾而已。

那該說什麼，
才算是真正
愛上一個人呢？

高分和聰明的
腦袋？

錢包
夠厚？

根本就看不見
的清澈靈魂？

如果聽到這些話，
感覺也很奇怪。

到底為什麼不能說
是因為喜歡
對方的外表呢？

怎麼想，
這種告白就是為了滿足性慾，

只是用愛情將性慾包裝起來而已。

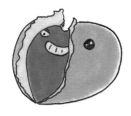

我認為這種謊話，
根本就無法稱之為愛情。

　　　　　　我倒不這麼認為。

對充滿魅力的對象會產生性慾，
是一件很平凡的事。
這是我們的本能，也是繁衍後代的方法。

雖然不能將性和愛畫上等號，
但我認為在愛情中存有性慾，
是非常自然的事情。

你是誰？

我是性慾！

就算如此，
還是不能為了滿足性慾而交往啊！
這樣就是騙人了。

嗯……

那就實話實說啊，
總比說謊來得好。

是這樣嗎？

必要的膚淺

不過我還是覺得
是那隻公狼的錯。

哎喲，
這不是錯。

他只是依循本性
回答而已。

沒錯！

？

你現在
也認同我啦。

我剛剛
沒有說話。

哈囉！

咦？

你在那裡做什麼？

我卡在樹上了，
可以幫我一下嗎？

謝謝你們！

沒想到我這輩子
竟然會有救貓的一天。

你的移動方式
還真特別。

這樣腳就不會痠了，
只是偶爾會卡在樹上而已。

你們剛才
在聊什麼有趣的話題嗎？

你有興趣嗎？

談論愛情一直
都很有趣！

我們正在談論肉體上的愛
是否為真正的愛。

喔喔。

你怎麼看？

肉體上的
愛啊……

這個嘛……

很膚淺！

就像我一樣！

為什麼很膚淺？

因為啊！

如果只是因為肉體很有魅力
就愛上對方，

那麼，當更有肉體魅力的人出現時，
很容易就會移情別戀了吧？

況且，無論是再怎麼青春的肉體，
都會隨著時間的流逝而老化。

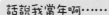

話說我當年啊……

因此，儘管肉體上的愛情
會和欲望交織而引發熊熊烈火，

但同時也會像火花一樣，
很快就消逝。

那麼，被對方外表吸引，
與其說是愛情，
其實更接近一時的欲望囉？

不，不是那樣。

你不是說這很膚淺，
而且很快就會消失嗎？

是啊。

但那樣的愛，
並不單純只是一種欲望，
而是必要的膚淺！

因為，要展開一段戀情從來都不容易，
就算可能會失去自我、
投入的時間都將化為烏有，
甚至歷經各種失敗與痛苦，

我們
依然願意鼓起勇氣。

但如果僅憑心靈或理性思考上的契合，
是很難讓人鼓起勇氣的。

這時我們需要的是，
可以摸得到、看得見，那些讓你渴望擁有的鮮明欲望，
例如：迷人的微笑、充滿魅力的外表。

總而言之，

每一段深刻且美好的感情，
都是從膚淺的愛開始。

Chapter

8

沒辦法選擇，
不喜歡你

只有不愛了，才會發現
所有的付出都只是徒勞無益。

#住在一個人的心房

這間房子真雅致。

你家真漂亮，
而且又很乾淨。

呵呵，謝謝你們。
看來努力還是值得呢！

這間房子一開始的狀態也很糟，
沒有一樣東西是完整的。

真的嗎？現在看起來超級乾淨，
真叫人難以想像耶。

不管是誰，只要能住在這裡，
都會很幸福吧！

並非所有人都是如此。

住在和搬到漂亮的房子
是兩碼子事。

如果是習慣不好的人
搬到其他人打理好的房子，
頂多就只能維持一段時間的亮麗。

看起來
很不錯嘛？

過不了多久，
一定又會變得
像以前一樣雜亂無比。

如果想讓房子保持整潔亮麗，
有樣東西是不可或缺的。

是什麼？

那就是，要有責任心，
努力投入並付出關懷，

然後，還要靠著自己的努力
讓自己變得更好；

靠自己創造出一個美麗的地方，
而不是到處尋找美景。

#再愛一個人，都要做最好的自己

是向日葵耶！

但感覺快枯死了，
拿來裝飾可不好看。

他活著的時候
應該很美吧。

但他現在死了啊！

沒錯，我死了。

原來還活著啊？

不，我都說我死了。

應該說，
我就像行屍走肉一樣。

哇！

呃啊！

為什麼你的頭和身體是分開的？

這個嗎？

是我剪掉的。

因為我不想再一直痴痴望著他了。

有必要到把頭剪下來？

這是花啦。

你愛誰愛成這樣啊？

上面的那一位。

太陽？

這是份深刻的愛。

就算我的名字被全世界遺忘，
只被稱作向日葵，我也很幸福。

因為，和他越來越像，
對我來說就是最棒的讚美。

就算只是靜靜的望著他，
我的一天也能過得很充實。

但那終究是不屬於我的愛情，
只是一種痴心妄想。

如果不把頭剪掉，
就不可能結束嗎？

過於深刻的愛情，是很難割捨的。
必須先捨棄部分的自己才行。

對我而言，就是我的生命。

#不由自主的心情

太貪心是會付出代價的。

暗戀一個人
也沒你說的那麼貪心吧。

不論是誰，
都有可能會陷入那種情況。

你幹嘛看我？

但因此而失去生命，
未免也太殘忍了。

你說得沒錯。

但愛得越深刻，
就越容易失去理智。

愛往往讓人變得愚蠢、盲目，既幼稚又瘋狂。

縱使如此，我還是無法不去愛一個人。

你得穿個降落傘吧。

那種東西
是給膽小鬼穿的。

可是，
暗戀很久卻沒有結果，
你不會心灰意冷嗎？

人們常說：
「戀愛只是一頭熱的付出。」
只有不愛了以後，才會發現
所有的付出都只是徒勞無益。

我很清楚，
愛情只是一瞬間的火花。
而這份沒來由的熱情，別說是永遠了，
要維持一輩子都很困難。

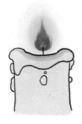

但是，當我深陷其中時，
還能理性看待自己的心意嗎？

那可是連失去自己都無法抹滅的心意。

我不願相信，
也無法相信。

我所經歷的，
並不是一段既愚蠢又盲目的愛情，

只不過是
一種不由自主的心情罷了。

＃無法選擇愛情

來買冰淇淋吧！

這裡什麼口味都有喔！
有初吻的甜蜜滋味，
也有青春的酸甜風味！

那有愛情的味道嗎？

愛情嗎？

雖然沒有那個口味，
但我有相似的粉嫩草莓口味，
怎麼樣？

為什麼？

都是粉紅色的啊！

雖然沒有愛情口味的冰淇淋，
但愛情就像冰淇淋。

怎麼說？

因為
我們都無法選擇。

不是說可以挑冰淇淋嗎？
那我應該可以選擇
自己要吃什麼口味吧？

喔，你說得沒錯。
我們可以自己做出選擇。
可是，

卻不一定會有我們
最喜歡的口味。

喜歡巧克力口味的人，
就算下定決心喜歡草莓口味！
你覺得喜好是簡單就能改變的嗎？

不能。

與其說我們的心是
受自己的意願和選擇所驅使，

倒不如說，不管愛上誰，
我們總是身不由己。

當我們被對方所吸引時，
理性常常會變得無比脆弱。

如果我們可以用邏輯和理性
來改變心之所向，

就等於把愛情理解成
可以說服和算計的東西。

但事實並非如此。

我才不要。

雖然愛情和冰淇淋一樣，
都不是我們所能選擇的，
但前者的難度又更高了。

只要吃這兩種就可以了。

這樣好像有點太多了耶？

你們一起吃就好啦！

Chapter

一起尋找
屬於我們的北極星

一起努力讓彼此變得更好，
就是最完美的愛情。

＃當我們不再相愛的那一天

哈囉。

搞什麼，你怎麼這麼晚才……

原來不是啊？

你在找人嗎？

那我經過的時候
順便幫你送一下好了。

真的嗎？

要交給誰呢？

只要交給一隻很老的烏龜就可以了。
不過你這樣看得到前面嗎？

看得到一點。

這樣很像在罰站耶。

你要吃飯，
就得做事。

距離前方兩步的位置有顆石頭。

知道了。

前方有隻大型動物。

嗯。

過了嗎？

你怎麼了？

我嗎？

沒事，我只是
剛和女朋友分手……

一直想起以前她對我說的話，
才會在這裡發呆。

什麼話？

我們的愛永遠不變。

如果會分手，還不如直接跟我說
愛情只是瞬間燦爛的煙火，終將消逝殆盡。

或許，我就不至於那麼空虛了。

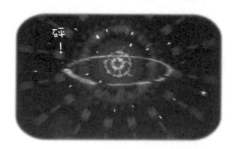

我是曾經如此為那燦爛煙火深深著迷，

並且深深相信
我們的愛情不會有終點。

誰知道感情就像海市蜃樓，
說不愛就不愛了。

我到現在都還不明白，
我們到底為什麼會分手？
為什麼會彼此不再相愛了？

虧我那麼相信愛情是永恆的，
這份熾熱的心情又該如何是好……

＃愛你的本質

距離前方兩步，有一隻烏龜。

那快到了呢！

這是無尾熊先生託我送來的蔬菜。

原本負責外送的人
不做了嗎？

你是說那隻黑牛嗎？

對啊。

我剛才在路上有遇到他，
他今天有些不舒服。

哎呀，怎麼會？

既然你都來了，可以再幫我一下嗎？
不過，還得再往前走一小段路。

好啊。

我可以
問你一件事嗎？

嗯，當然可以。

你懂永恆的愛嗎？

永恆的愛？
我很難說自己懂。

我不曾活到永恆，
應該也無法永遠活著吧。
所有人都是一樣。

我們擁有的時間都有盡頭。

既然我們無法活到永恆，
去提永恆的愛還有什麼意義？

因為想聽甜言蜜語？

也有這個可能性。

我想，那應該是想要表達
自己對愛別無所求，

或是**我對你的愛，
並不會因歲月如梭而輕易消逝。**

縱使我已化為塵土，
但留下的你，卻依然愛著我的本質。

應該就是這個意思。

本質是什麼？

就是在內心深處
被稱為靈魂的那個自我。

靈魂又是什麼？

我不知道，
聽說也沒有任何人知道。
因為愛情的本質是種無形的存在，

是場難以言喻的告白——
我願用名為永恆的時間長度，
來愛著你名為靈魂的愛情深度。

＃逐漸了解彼此

都說是觸及靈魂的愛，
都說會愛著你的本質，
那為何最後還是離開彼此了呢？

每段愛情的離開，都有各自的原由，
我們很難一概而論。

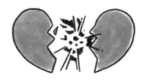

但我可以告訴你
為什麼一開始的熱戀，
很快就會淡下來。

你知道我們
是怎麼墜入愛河的嗎？

因為對愛情
有甜蜜的期待和想像。

你很清楚嘛。

因為我是過來人。

當我們墜入愛河時，愛上的並非對方真實的一面，
而是對方滿足自己期待的另一面。

我們會以對方的魅力作為顏料，
描繪出自己的想像。

例如，甜蜜的相處時光、對未來的憧憬、
救贖寂寞、滿足心中的缺憾等所有好的一面。

不過，當我們在畫畫時，還需要什麼東西？

如果要畫畫，就會需要留白。
當上面畫著另一幅畫時，我們就沒辦法畫了。

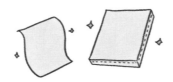

而留白也適用於任何一段關係，
那些還不夠了解對方的地方，
就像還沒被刮開的彩券一樣，
是一個可以盡情想像和期待的空間。

因為兩個相愛的人，
比任何人都還渴望了解彼此，

為了擺脫心中混雜的
不安與期待，

我們會透過各種問題，
以及花時間跟對方相處。

可是，一旦了解了對方，
就代表未知的部分也變少了吧？

因此，儘管我們已經逐漸擺脫不安，
但由於對愛情的想像或期待也會跟著減少，

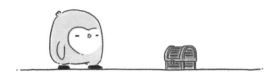

**所以，即便越來越了解彼此，
同時也得面對更多的現實。**

這時用來燃燒愛火的期待及想像，

因為再也沒有燃料了，
便會迅速的冷卻。

所以說，
奮不顧身的愛情雖然轟轟烈烈，卻難以持久。

那如果不要轟轟烈烈的愛，
而是想要一份完美的愛，
又該怎麼做呢？

因為沒有百分百完美的愛情，

只有想讓彼此變更好的愛情。

#愛情，是一起努力變更好

我們在這裡
睡一晚再走吧。

好。

你覺得是什麼意思？

烏龜先生說的話？

對啊。

他說沒有百分百完美的愛情，
只有想讓彼此變更好的愛情。
這是什麼意思？

這個嘛……

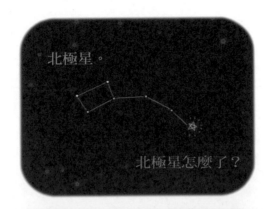

北極星。

北極星怎麼了？

當我們要往北方走的時候，
雖然是朝著北極星的方向走，
但這不代表我們就能
抵達目的地。

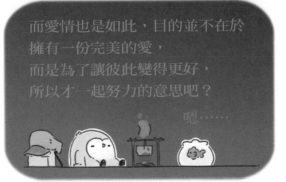

而愛情也是如此，目的並不在於
擁有一份完美的愛，
而是為了讓彼此變得更好，
所以才一起努力的意思吧？

嗯⋯⋯

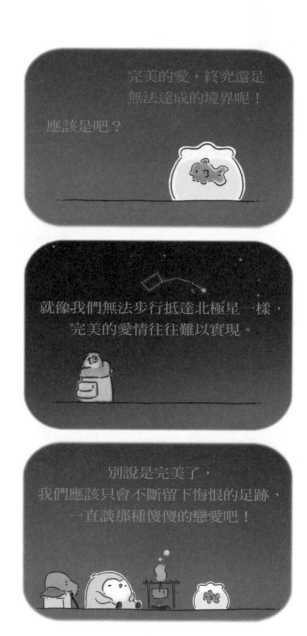

完美的愛，終究還是
無法達成的境界呢！

應該是吧？

就像我們無法步行抵達北極星一樣，
完美的愛情往往難以實現。

別說是完美了，
我們應該只會不斷留下悔恨的足跡，
一直談那種傻傻的戀愛吧！

儘管如此，當我們在愛裡徘徊時，
我們依然能更加堅信彼此前進的方向。

國家圖書館出版品預行編目（CIP）資料

只要喜歡上一個人，永遠都是第一次：傷心也好、愛錯也好，但至少在遇見你之前，我能讓自己足夠美好。／Yozuck（寥寂）著；賴毓棻譯. -- 初版. -- 臺北市：任性出版有限公司，2021.12
352 面：14.8×21公分. --（issue：033）
譯自：처음 사랑하니까 그럴 수 있어
ISBN 978-986-06620-5-4（平裝）

1. 戀愛　2. 兩性關係

544.37　　　　　　　　　　110015380

issue 033

只要喜歡上一個人，永遠都是第一次
傷心也好、愛錯也好，但至少在遇見你之前，我能讓自己足夠美好。

作　　者／Yozuck（寥寂）
譯　　者／賴毓棻
責任編輯／黃凱琪
校對編輯／江育瑄
美術編輯／林彥君
副總編輯／顏惠君
總 編 輯／吳依瑋
發 行 人／徐仲秋
會　　計／許鳳雪
版權經理／郝麗珍
行銷企劃／徐千晴
業務助理／李秀蕙
業務專員／馬絮盈、留婉茹
業務經理／林裕安
總 經 理／陳絜吾

出 版 者／任性出版有限公司
營運統籌／大是文化有限公司
　　　　　臺北市 100 衡陽路 7 號 8 樓
　　　　　編輯部電話：（02）23757911
　　　　　購書相關資訊請洽：（02）23757911 分機 122
　　　　　24 小時讀者服務傳真：（02）23756999
　　　　　讀者服務 E-mail：haom@ms28.hinet.net
郵政劃撥帳號／ 19983366　戶名／大是文化有限公司

法律顧問／永然聯合法律事務所
香港發行／豐達出版發行有限公司 Rich Publishing & Distribution Ltd
　　　　　地址：香港柴灣永泰道 70 號柴灣工業城第 2 期 1805 室
　　　　　Unit 1805, Ph. 2, Chai Wan Ind City, 70 Wing Tai Rd, Chai Wan, Hong Kong
　　　　　電話：21726513　傳真：21724355
　　　　　E-mail：cary@subseasy.com.hk

封面設計／季曉彤
內頁排版／顏麟驊
印　　刷／緯峰印刷股份有限公司

出版日期／2021 年 12 月初版一刷
定　　價／新臺幣 380 元（缺頁或裝訂錯誤的書，請寄回更換）
I S B N　978-986-06620-5-4
電子書 ISBN ／ 9789860662061（PDF）
　　　　　　　9789860662078（EPUB）

有著作權，侵害必究　Printed in Taiwan